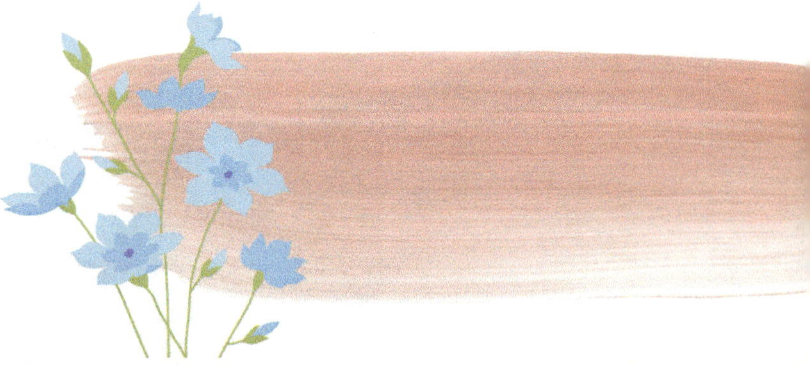

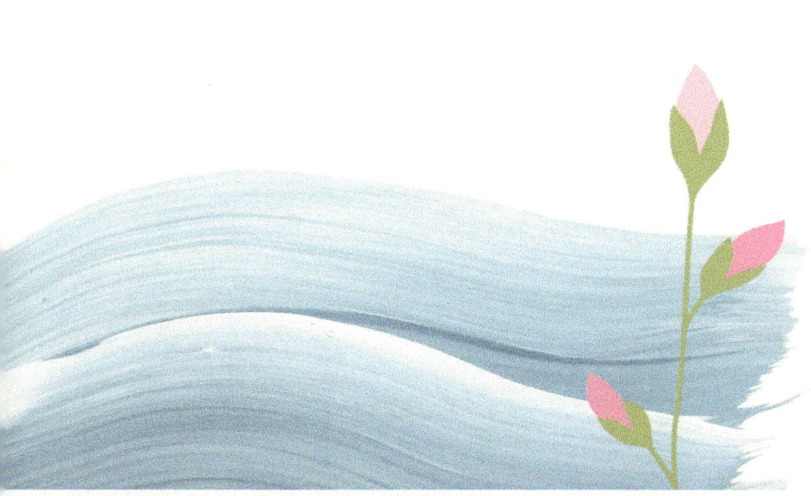

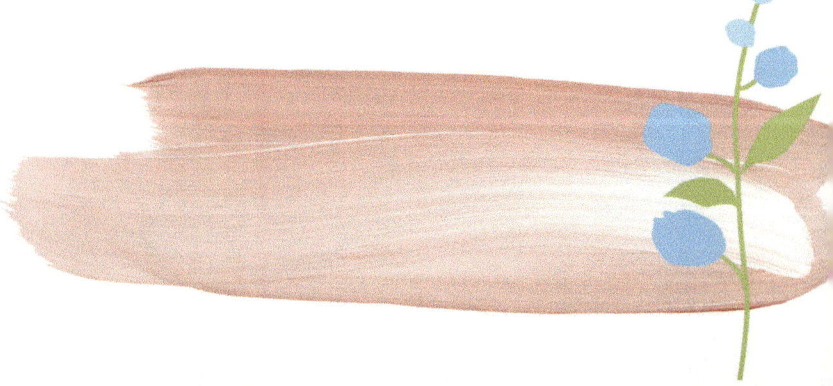

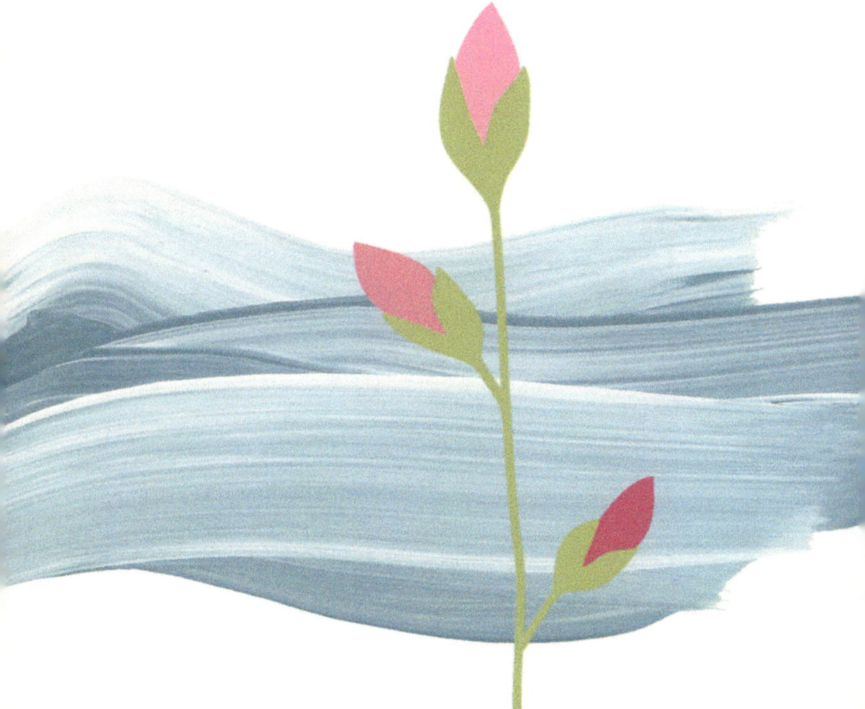

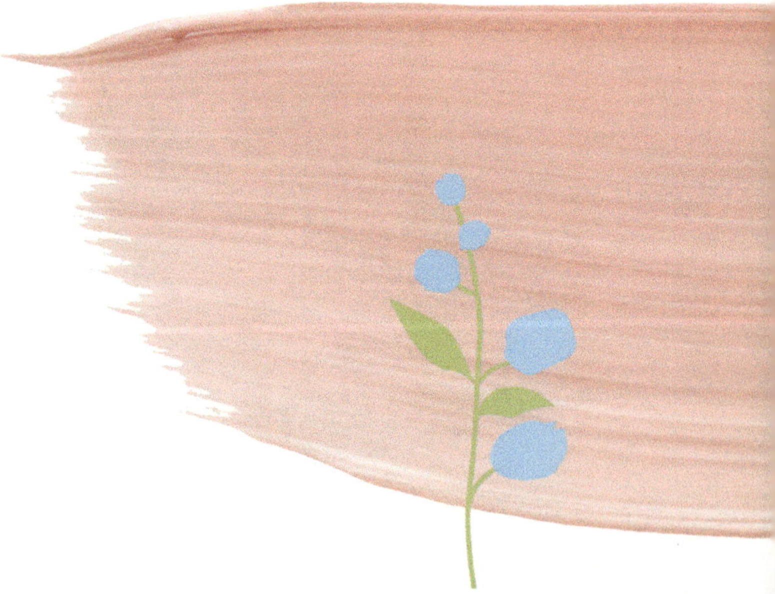

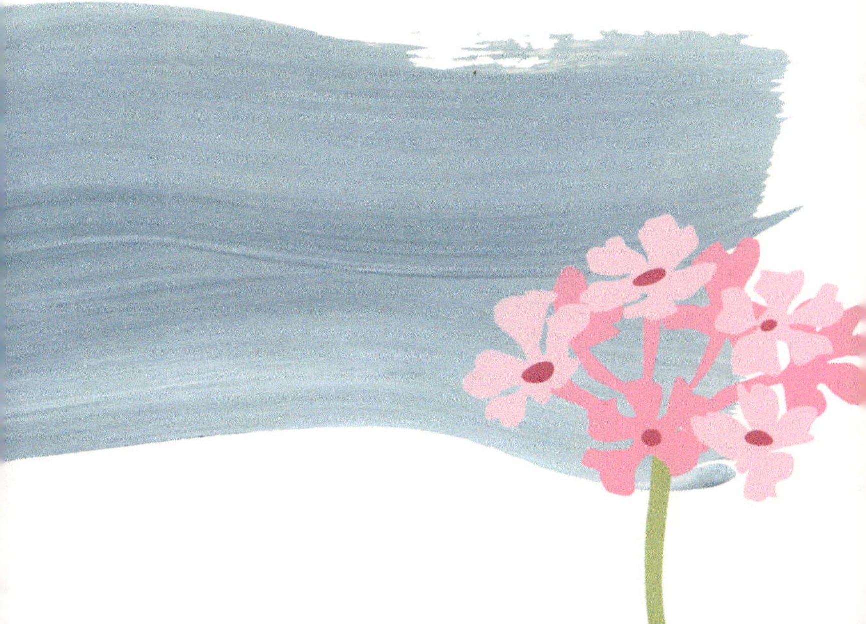

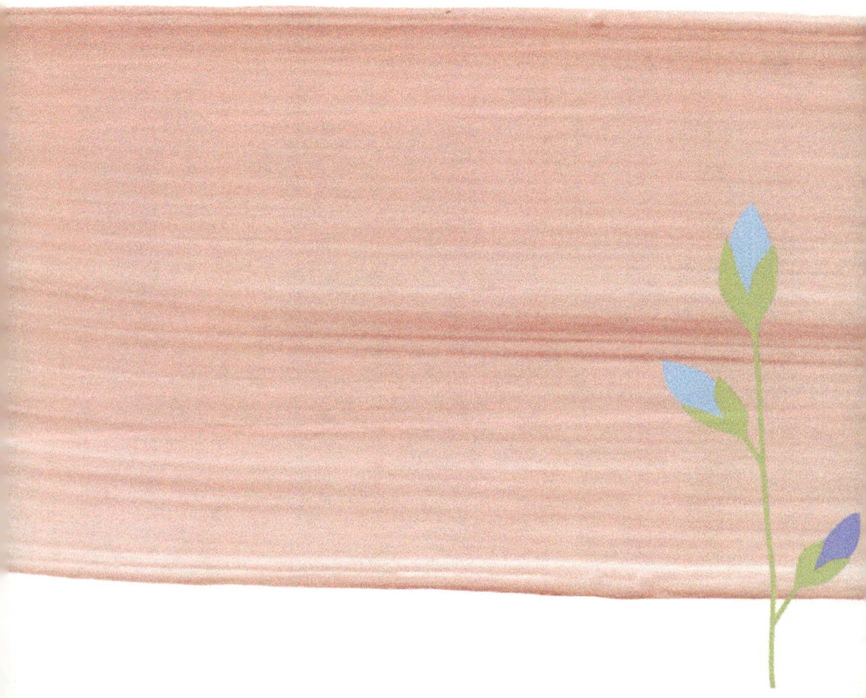

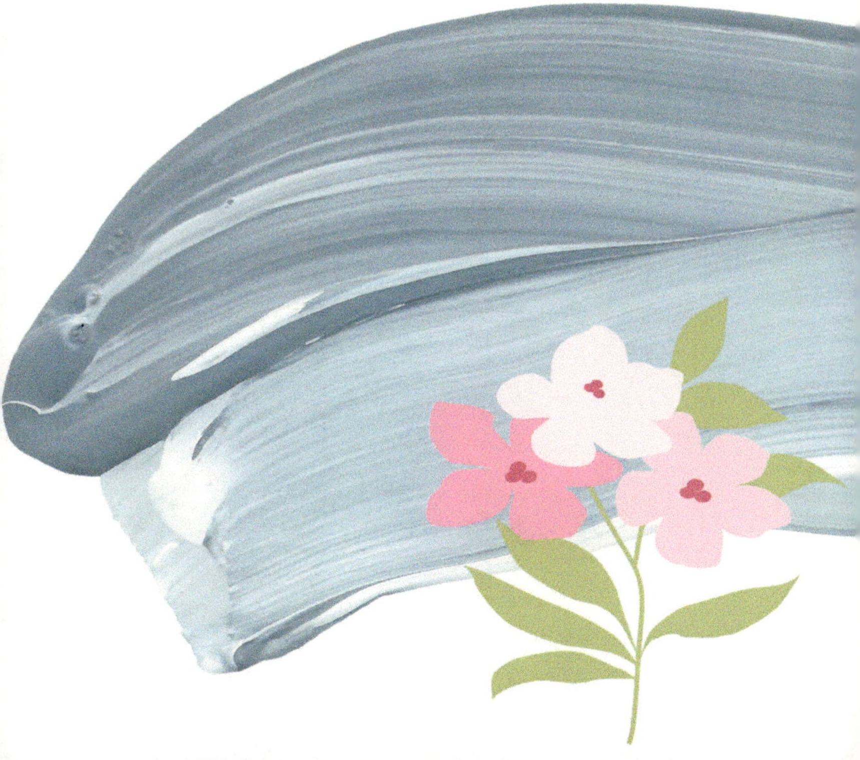

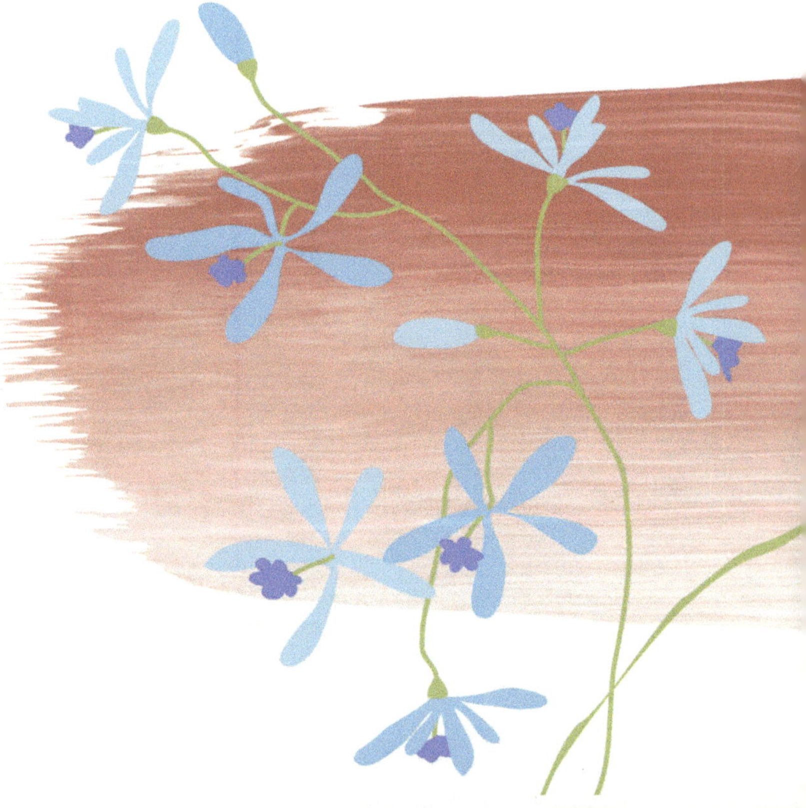

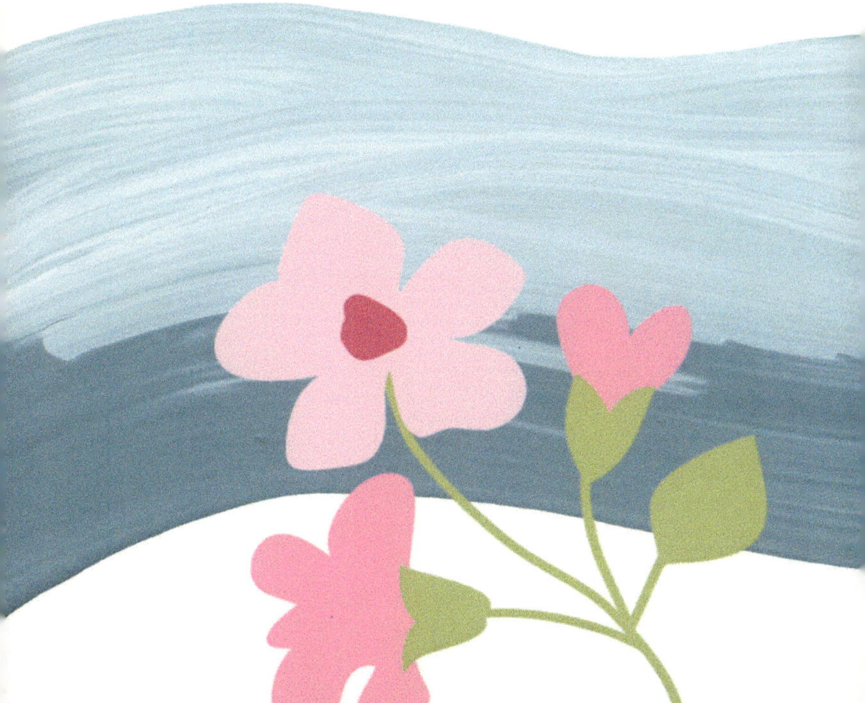

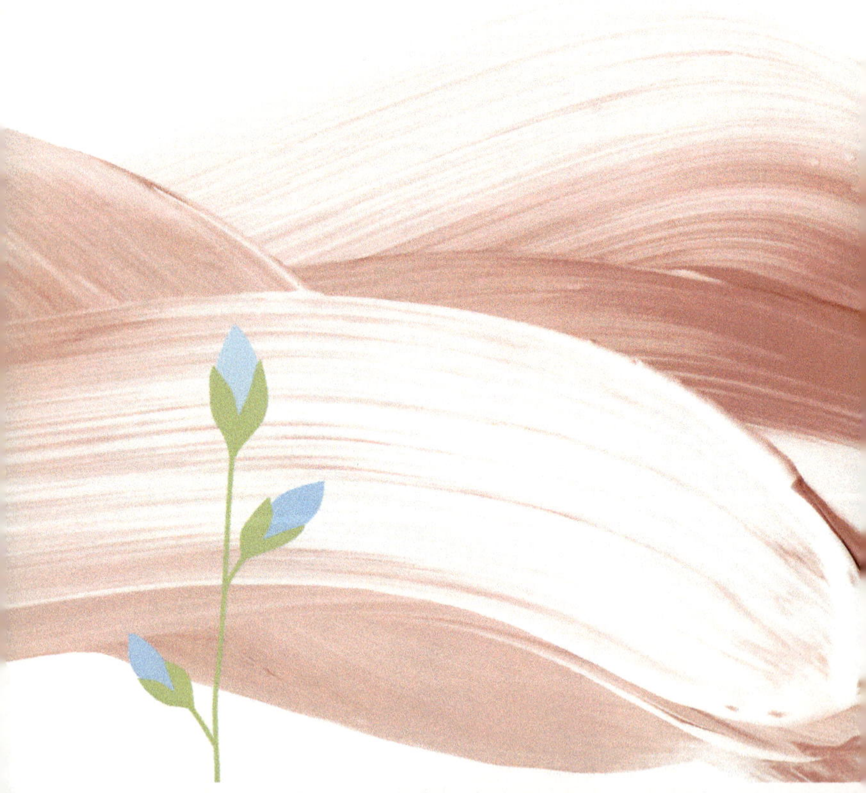

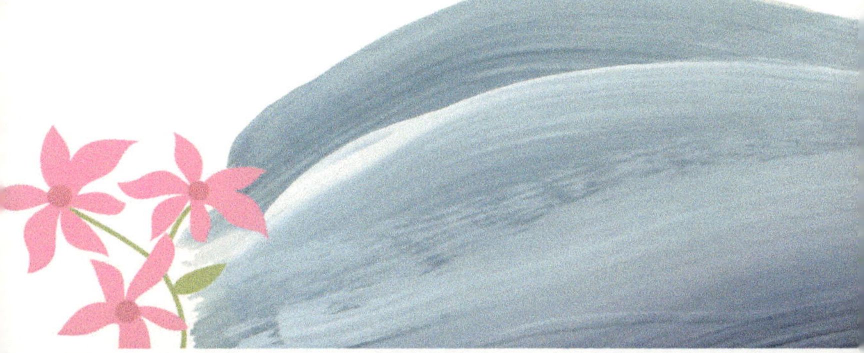

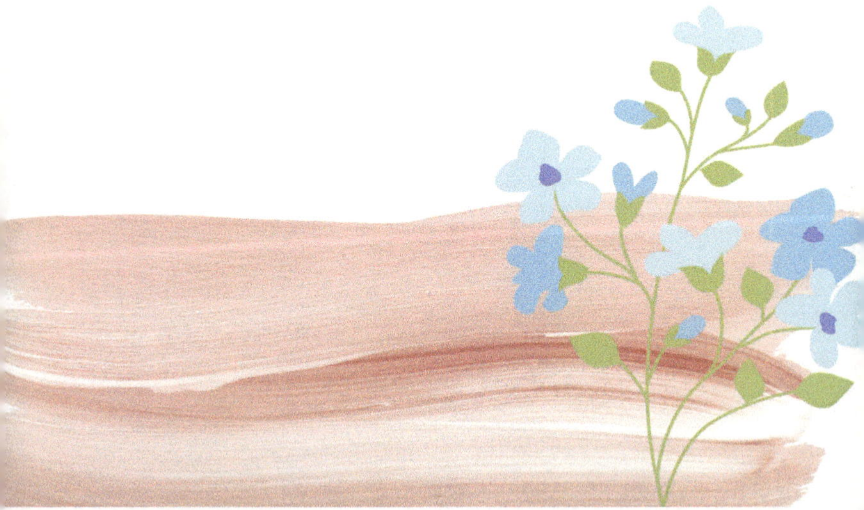

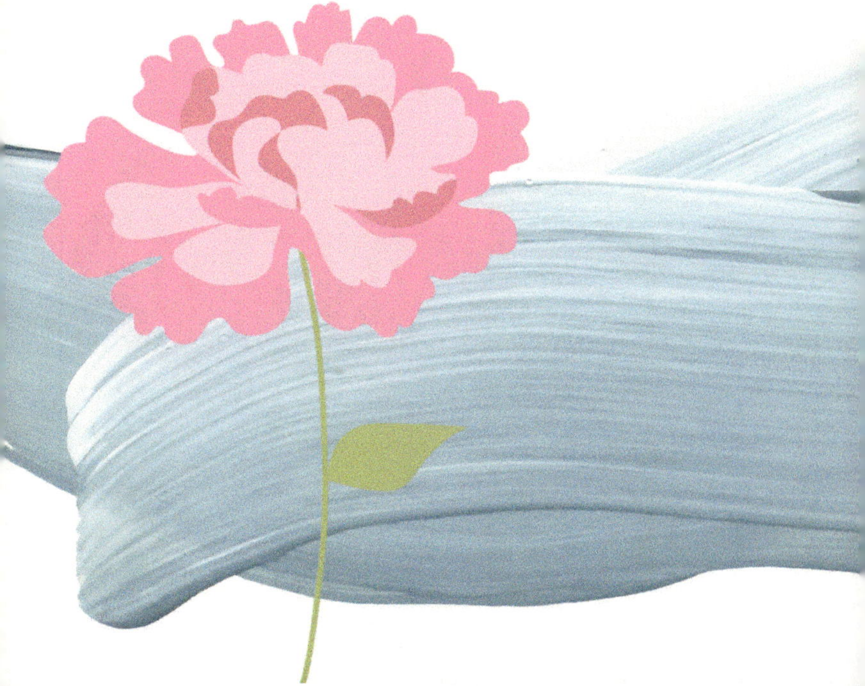

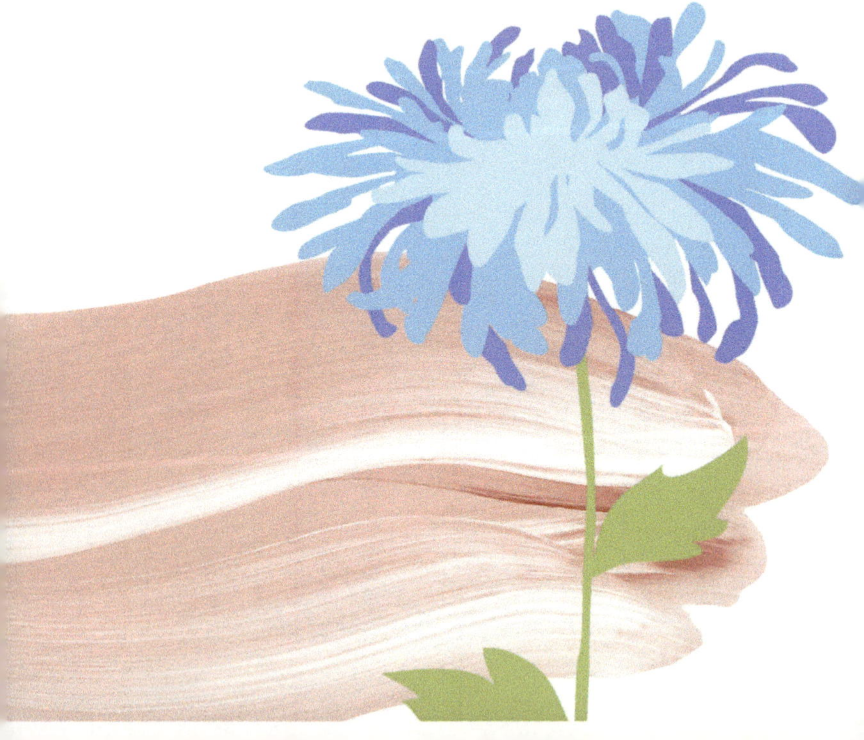

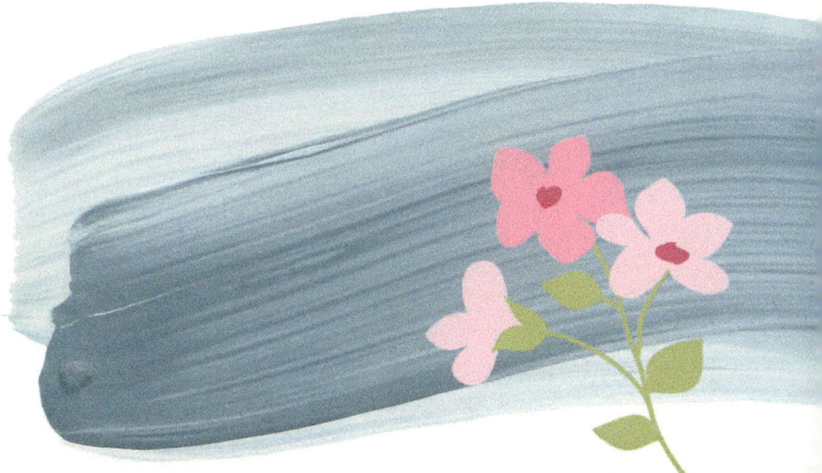

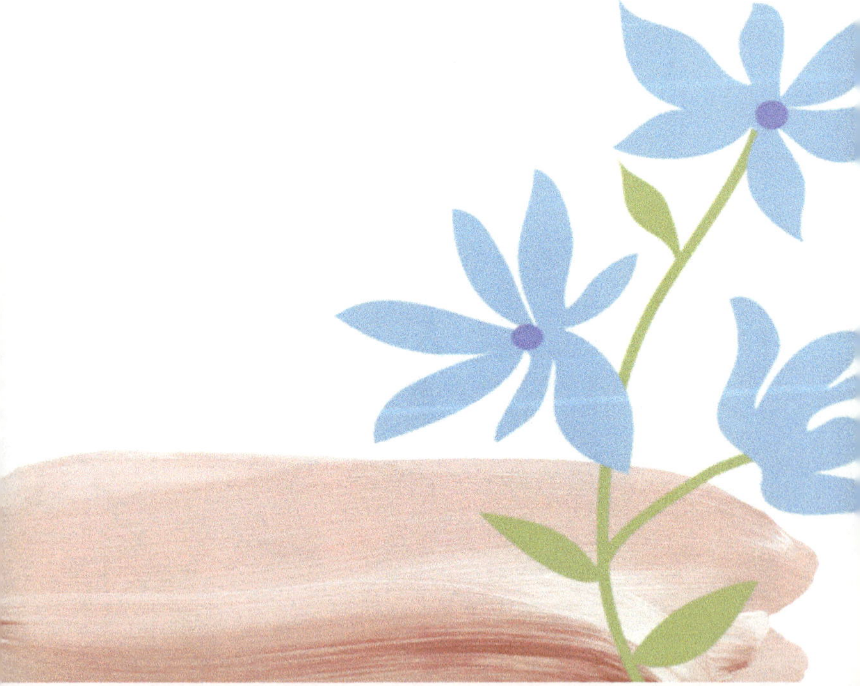

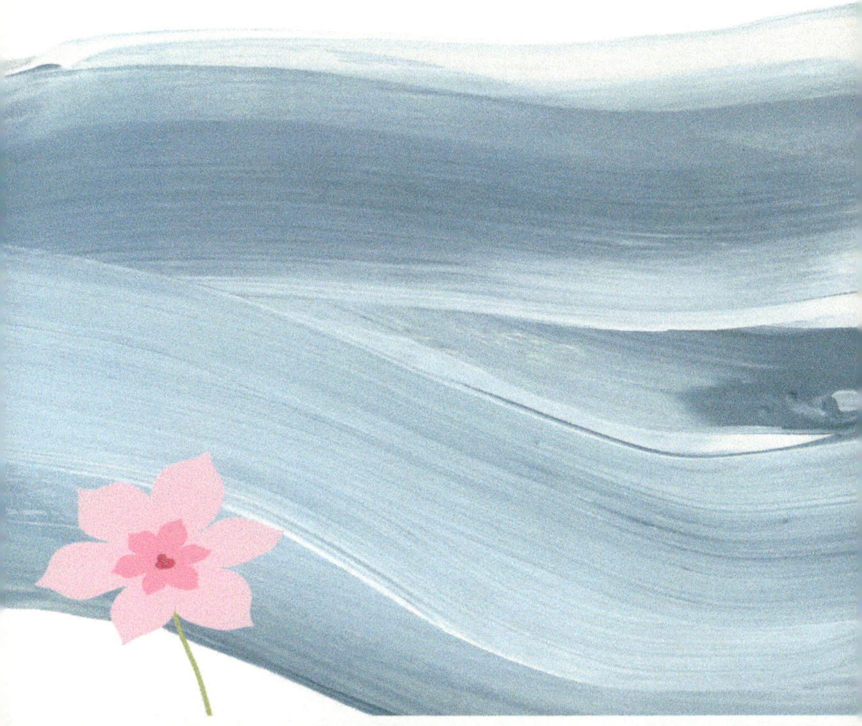

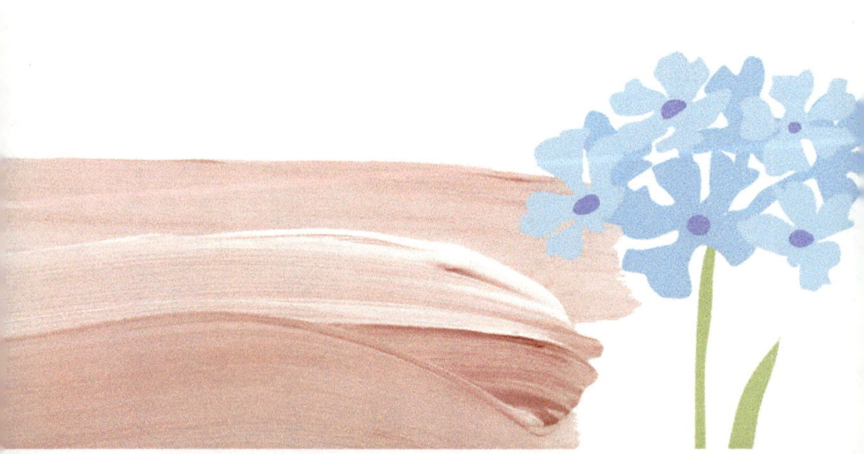

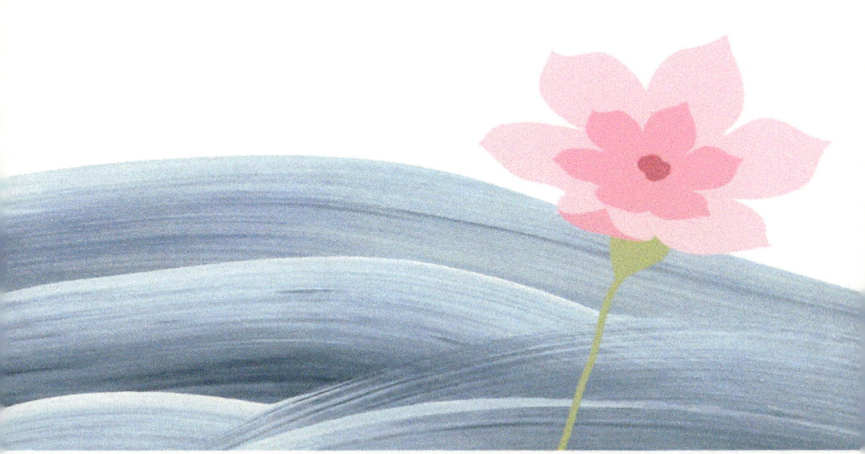

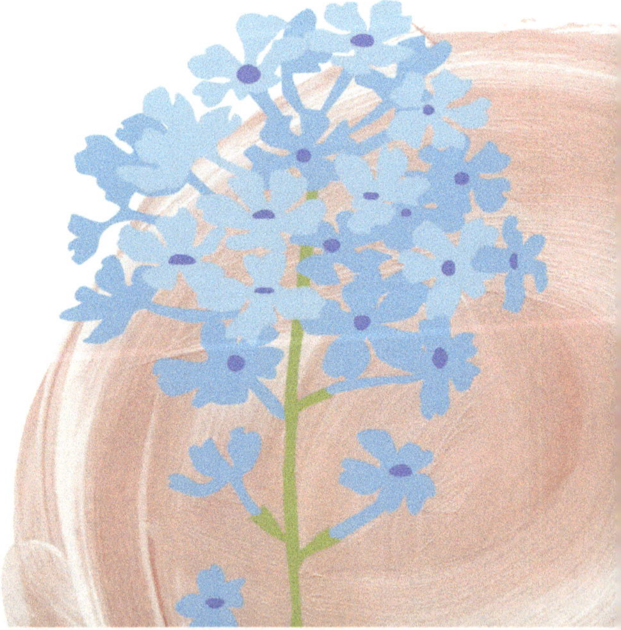

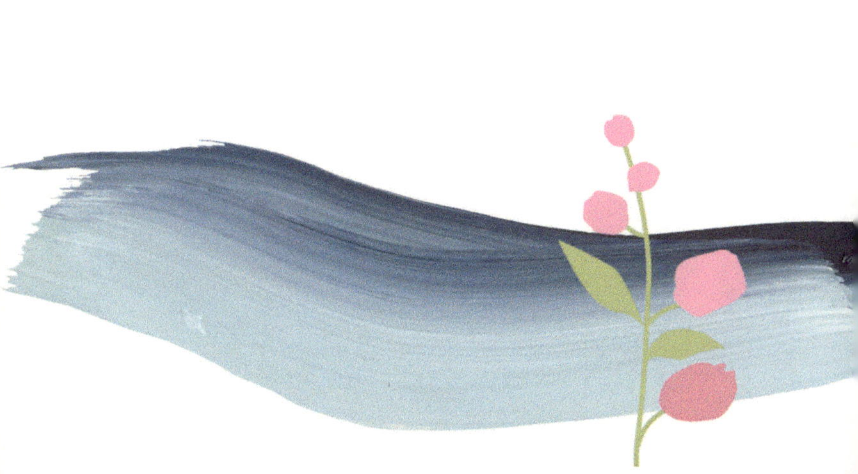

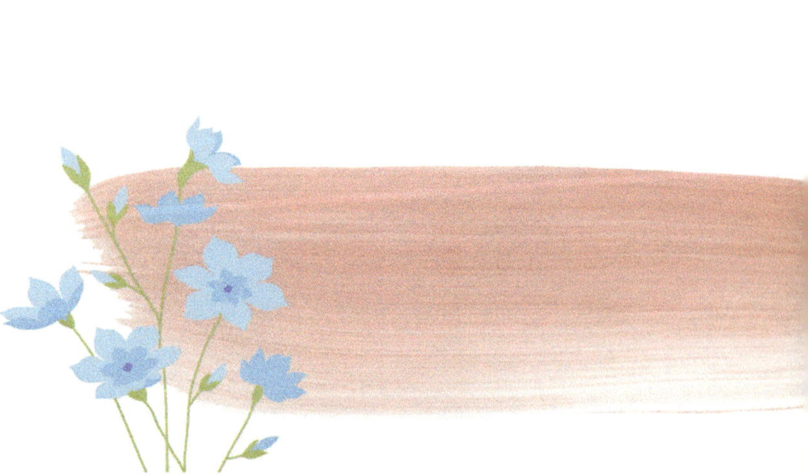

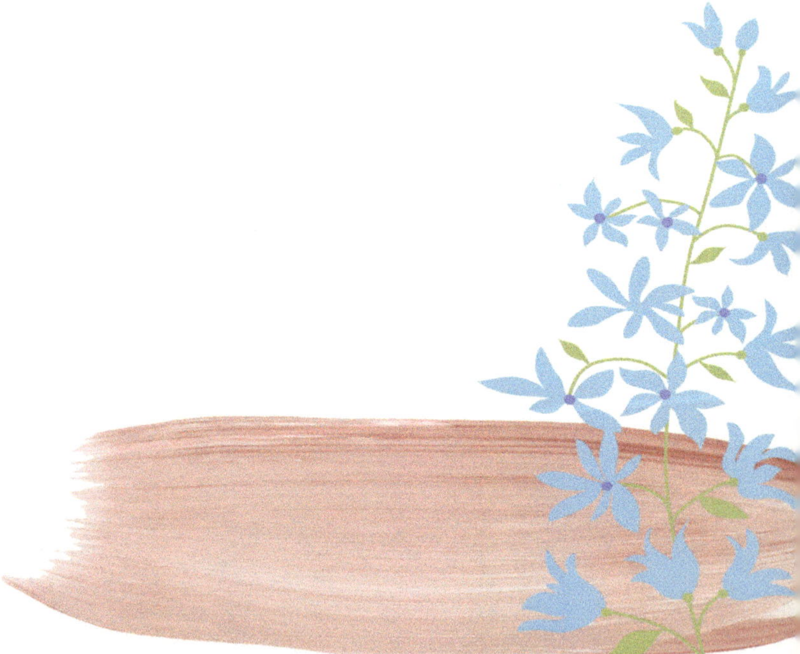

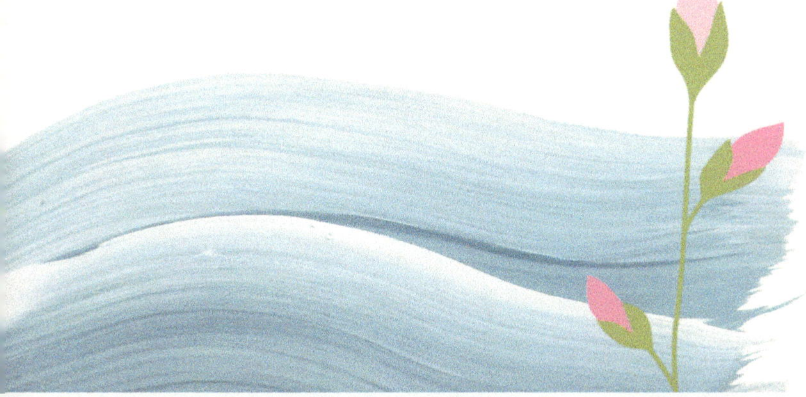

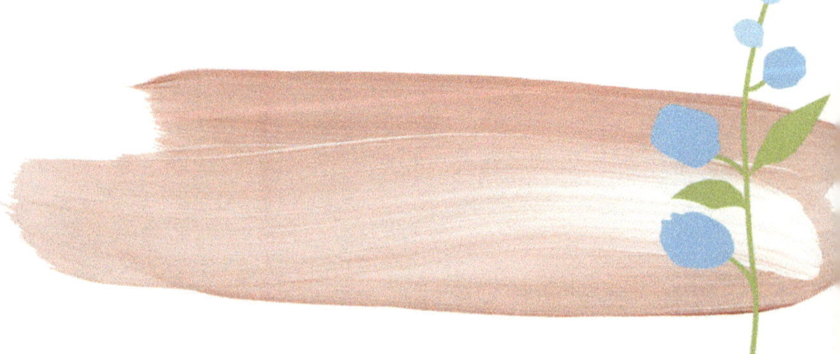

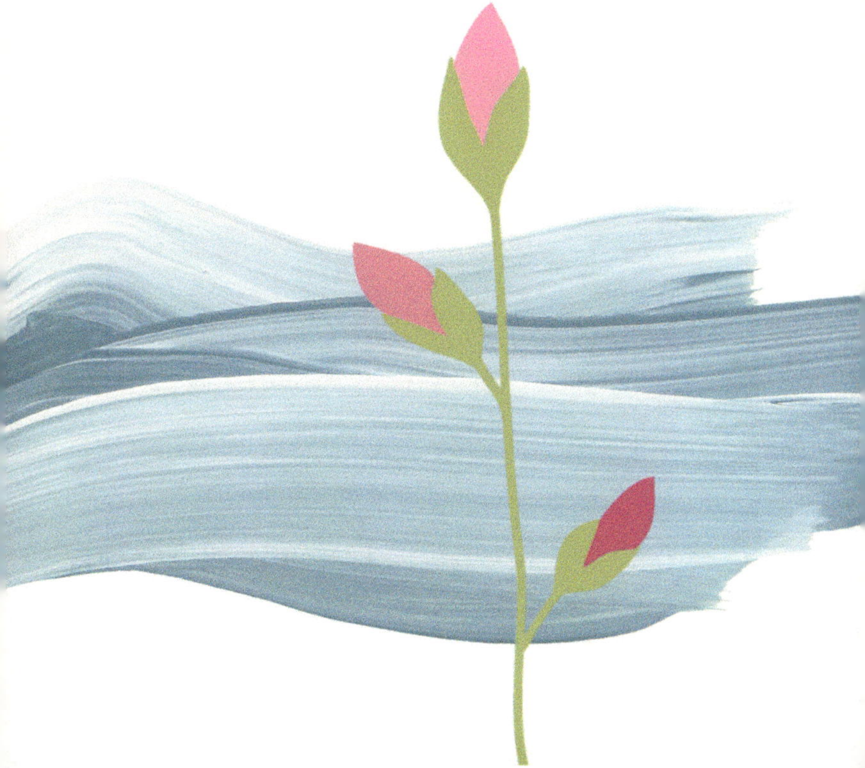

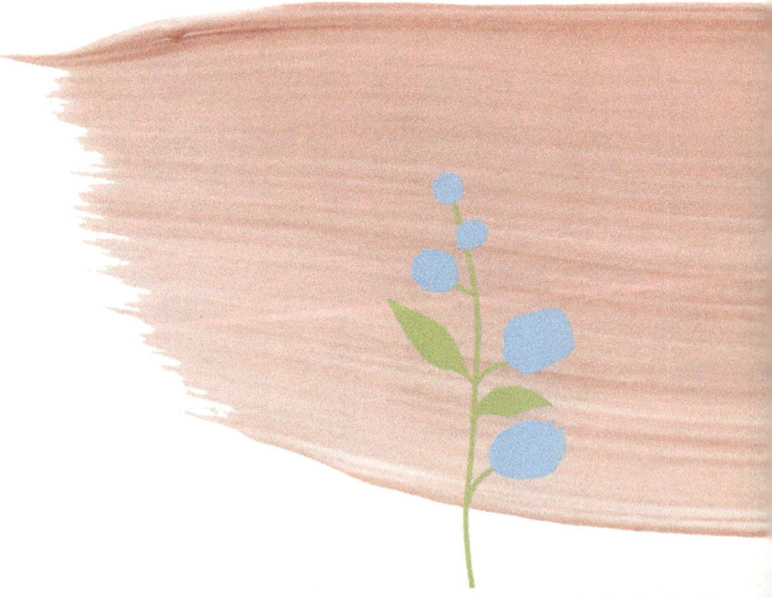

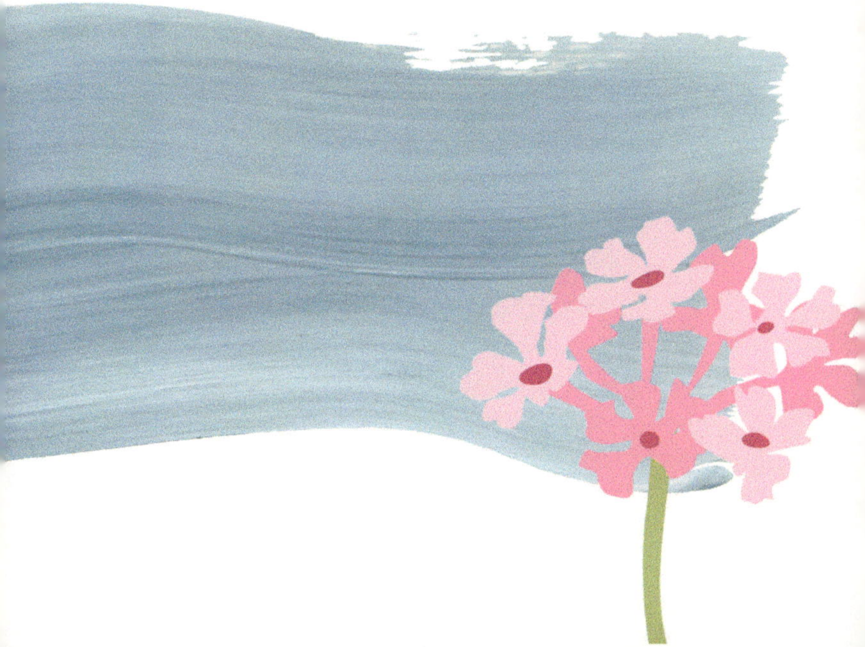

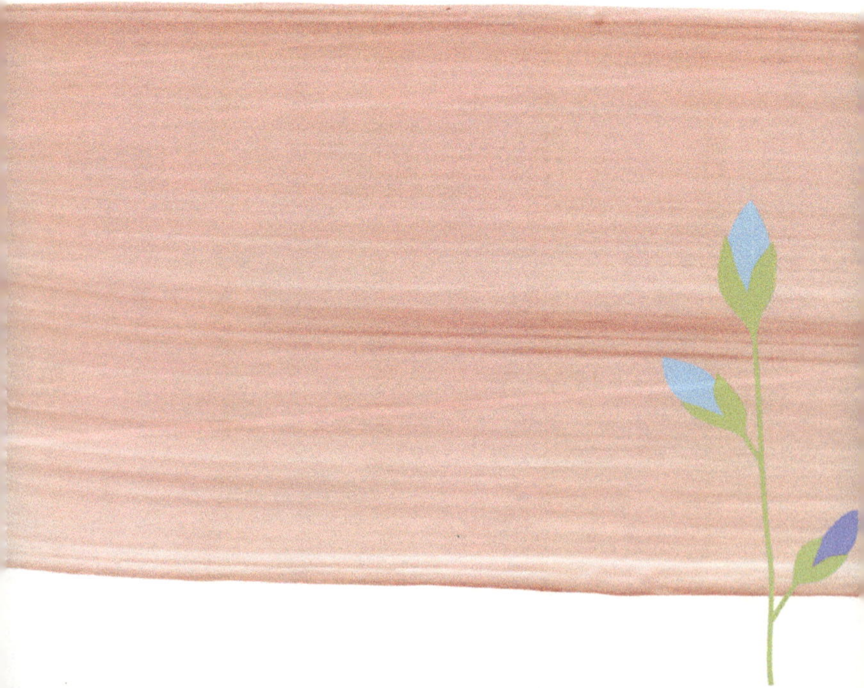

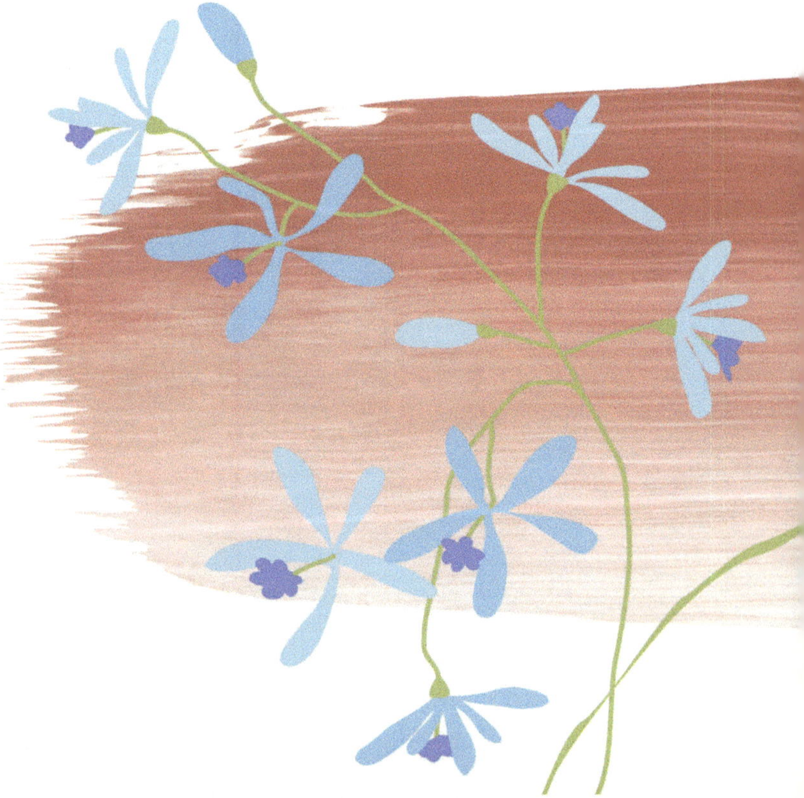

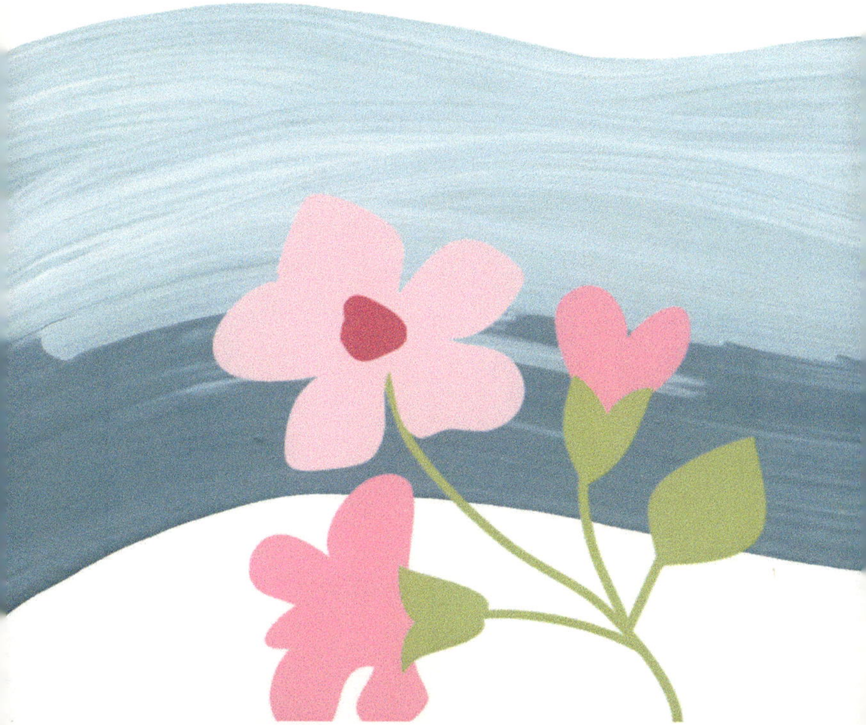

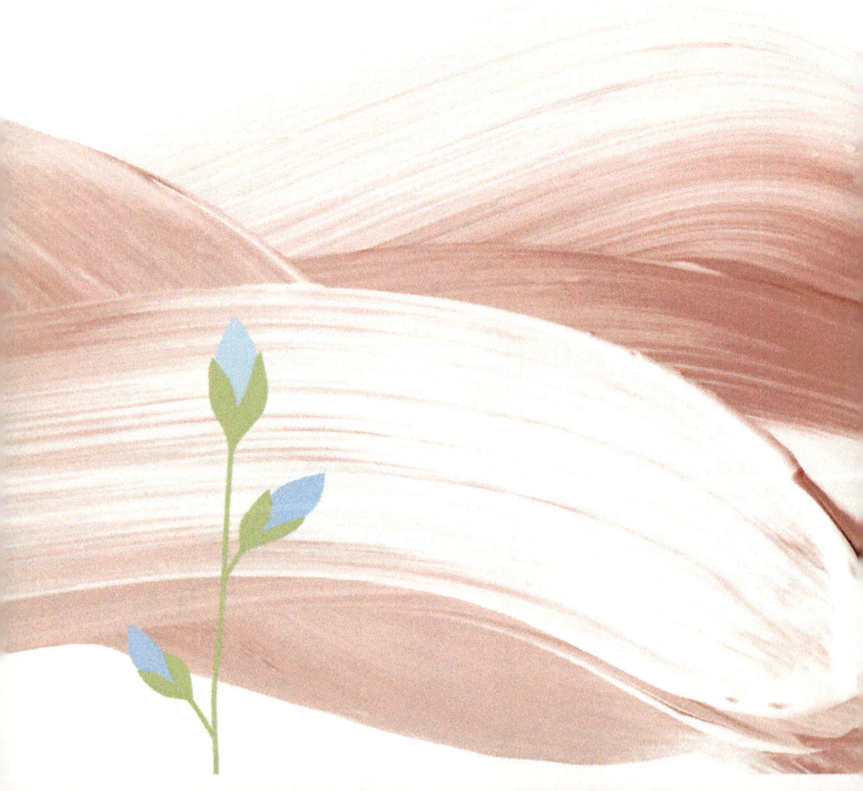

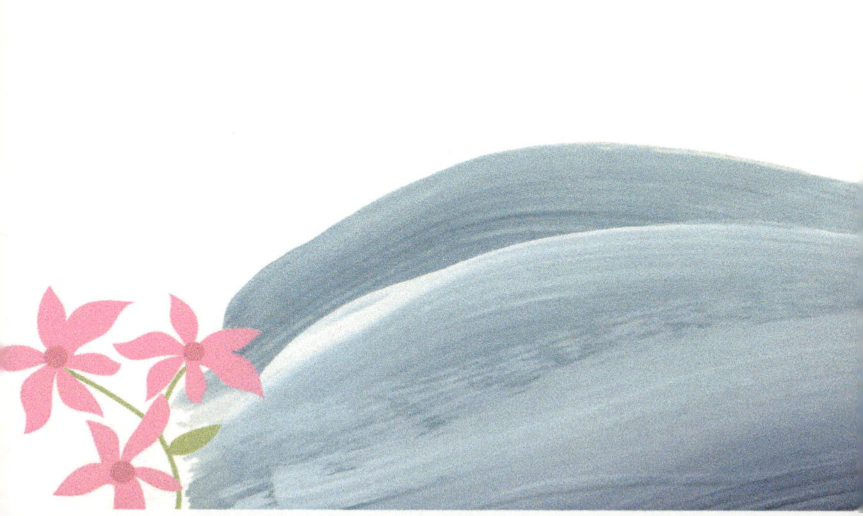

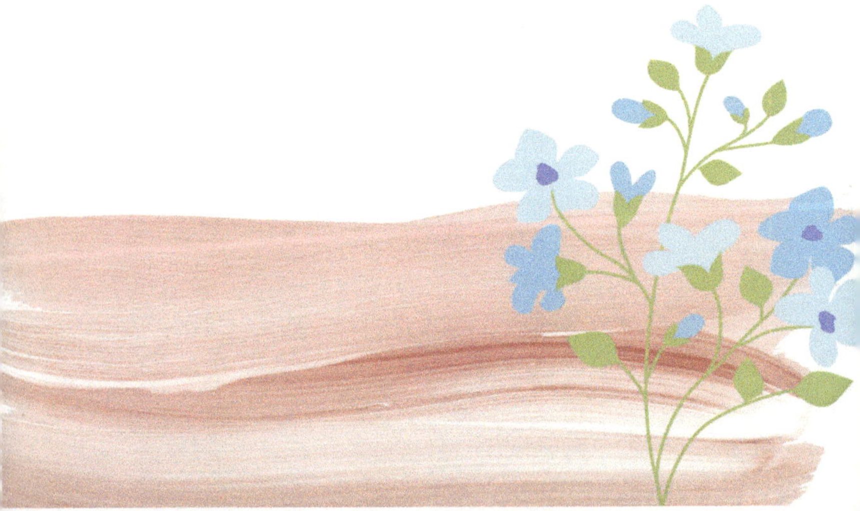

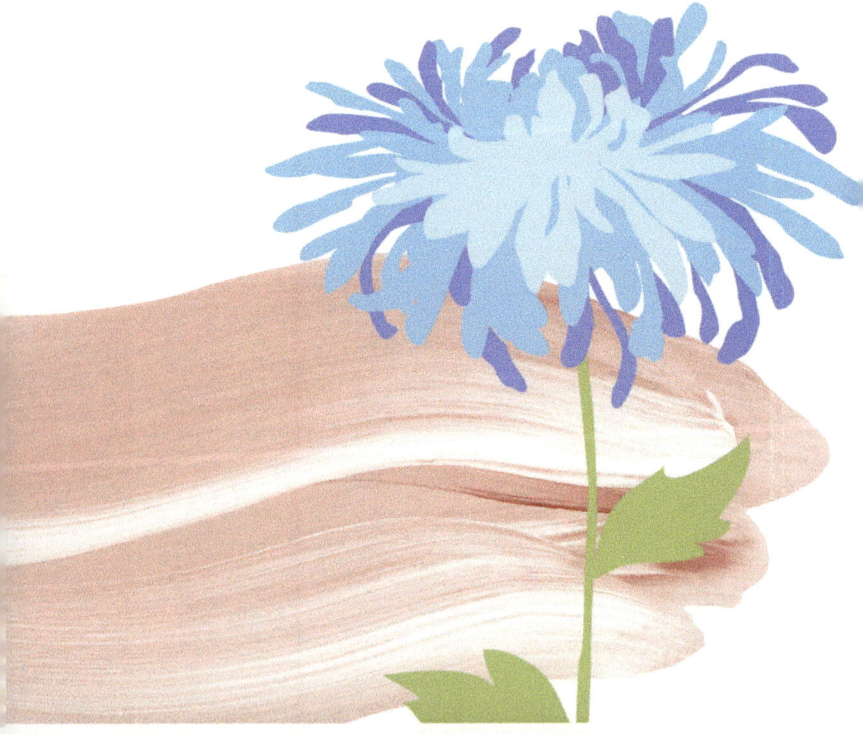

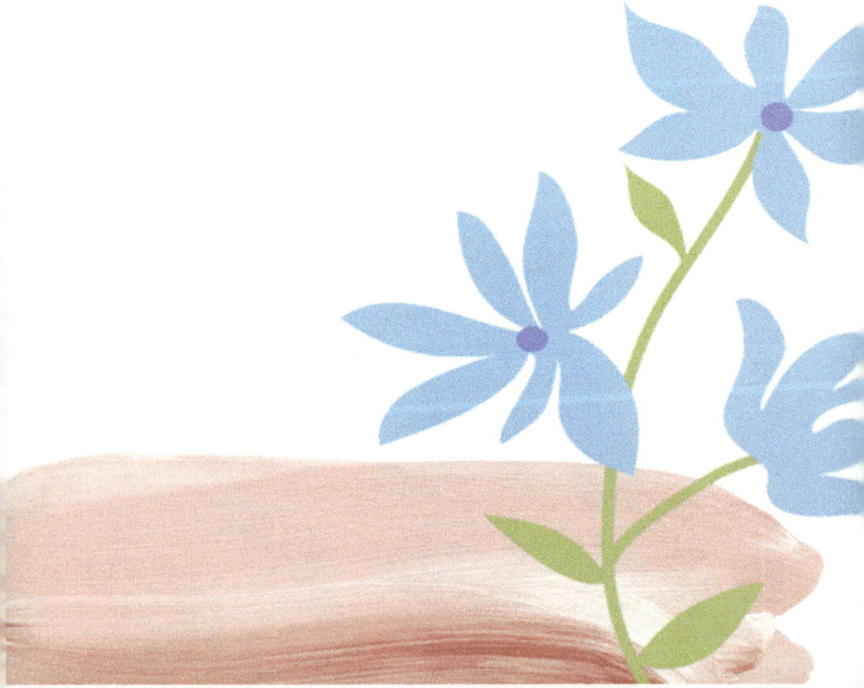

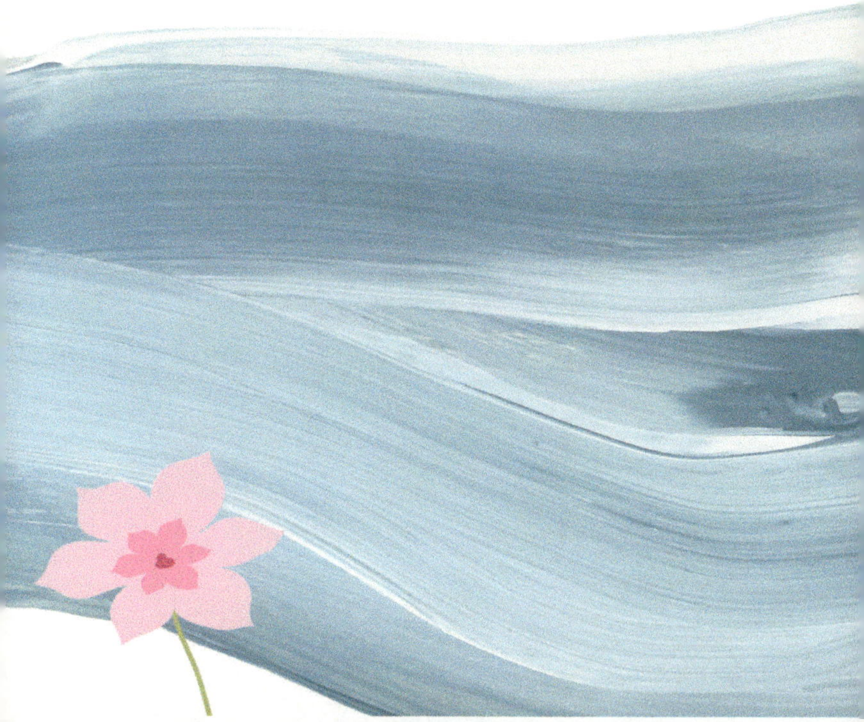

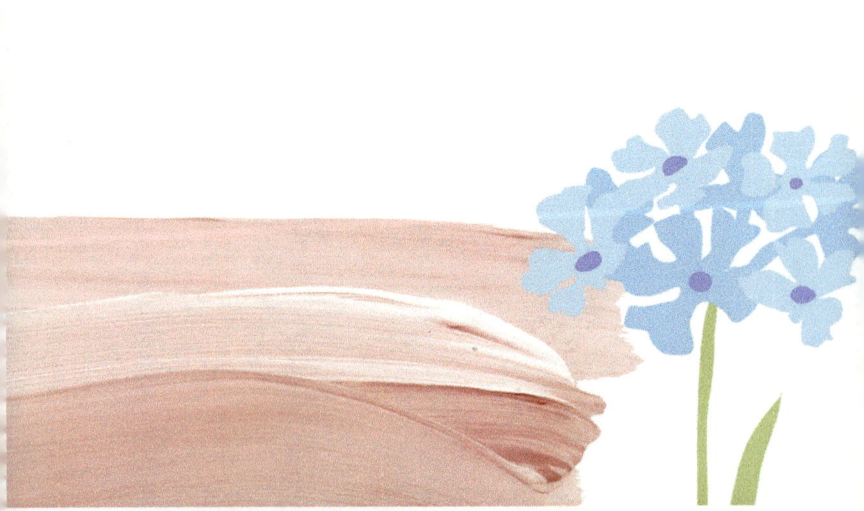

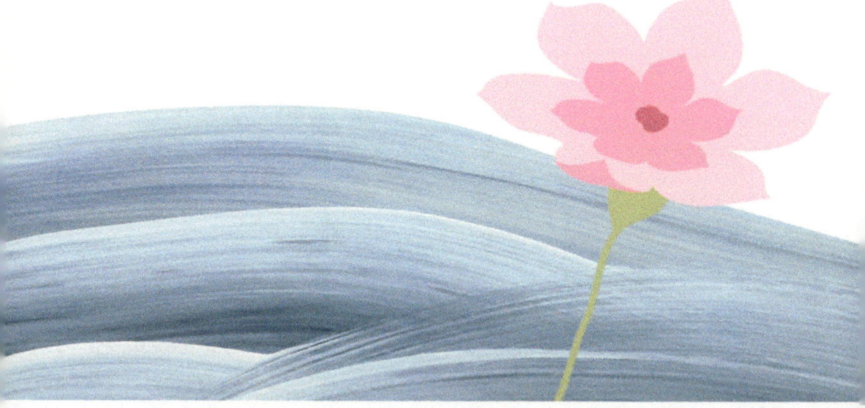

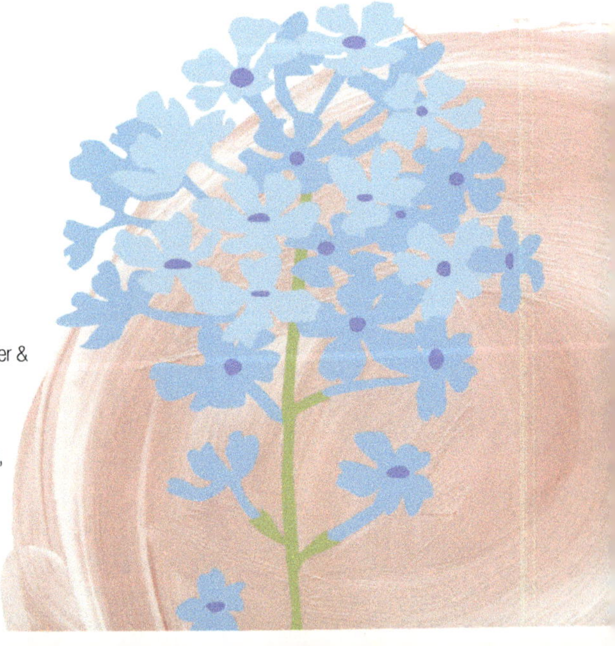



Herstellung und Verlag:
BoD – Books on Demand,
Norderstedt

ISBN: 9783749409242